Helma Rossow

Zauberhafte Kartengrüße

mit Fertigteilen und Stickern

frechverlag

Zum Thema „Kartenbasteln“ sind im frechverlag viele weitere Bücher erschienen. Hier eine Auswahl:

TOPP 2163

TOPP 2766

TOPP 2628

TOPP 2545

TOPP 2479

TOPP 2407

Fotos: frechverlag GmbH + Co. Druck KG, 70499 Stuttgart; Fotostudio Ullrich & Co., Renningen

Dieses Buch enthält: 1 Vorlagenbogen

Auflage:	5.	4.	3.	2.	1.	Letzte Zahlen
Jahr:	2005	2004	2003	2002	2001	maßgebend

frechverlag GmbH + Co. Druck KG, 70499 Stuttgart

ISBN 3-7724-2751-0 · Best.-Nr. 2751

Druck: frechverlag GmbH + Co. Druck KG, 70499 Stuttgart

Kartenbasteln macht Spaß und liegt voll im Trend! Rund um das Jahr gibt es viele Anlässe eine schöne selbstgebastelte Karte zu verschenken.

Ob zu Ostern oder Weihnachten, zur Geburt, Taufe oder Hochzeit, zum Geburtstag, Schulanfang oder Führerschein oder um auch einmal ohne Anlass herzliche Grüße zu versenden – mit den vorgestellten Karten haben Sie immer eine passende Idee zur Hand.

Die Modelle lassen sich leicht untereinander abwandeln - lassen Sie Ihre Fantasie spielen und schon entstehen ganz schnell Kartengrüße, die jeden erfreuen.

Alle Karten passen in handelsübliche Umschläge und können versendet oder überreicht werden.

Lesen Sie auf jeden Fall zuerst die Schritt-für-Schritt-Anleitung, denn hier erhalten Sie wertvolle Hinweise, die das Kartenbasteln ganz einfach machen.

Nun wünsche ich Ihnen viel Freude beim Basteln und Gestalten schöner Kartengrüße.

Ihre Helma Rossow

Material und Hilfsmittel

- *Künstlerkarton, 160 g geprägt, ersatzweise Tonkarton, nicht zu fest*
- *Tonpapier*
- *Wellpappe*
- *Naturpapier*
- *Faserseide*
- *Crinklepapier*
- *Transparentpapier und dünne Pappe für die Schablonen*
- *Weißes Papier für die Einlegeblätter*
- *Poesiebilder*
- *Gold- und silberfarbene Sticker und Schriftzüge*
- *Urselle (Velourspapier)*
- *Tortenspitze*
- *Holzteilchen zum Aufkleben*
- *Moosgummiteilchen*
- *Verschiedene Bänder und Kordeln*
- *Jute*
- *Buchsbaumgirlande*
- *Perlen*
- *Silhouettenschere*
- *Evtl. Cutter mit geeigneter Schneidunterlage*
- *Motivscheren*
- *Motivlocher*
- *Rahmenlocher*
- *Bordürenlocher*
- *Evtl. Eckenlocher*
- *Papier-Rippler zum Prägen*
- *Abstandsband (doppeltseitiges, aufgeschäumtes Klebeband)*
- *Bleistift und Radiergummi*
- *Büroklammern zum Fixieren*
- *Nähfaden*
- *Pinzette zum Fassen von Kleinstteilen*
- *Klebstoff, z.B. Uhu Flinke Flasche*
- *Klebestift*
- *Lackstift in Weiß*

So geht's

Bevor Sie mit dem Nachbasteln dieser schönen Karten beginnen, sollten Sie sich, zumindest für die Grundformen, Schablonen anfertigen. Übertragen Sie hierzu das gewünschte Motiv vom Vorlagenbogen auf Transparentpapier. Kleben Sie dieses auf eine dünne Pappe und schneiden Sie es sauber aus. Schon ist Ihre Schablone, die Sie beliebig oft verwenden können, fertig.

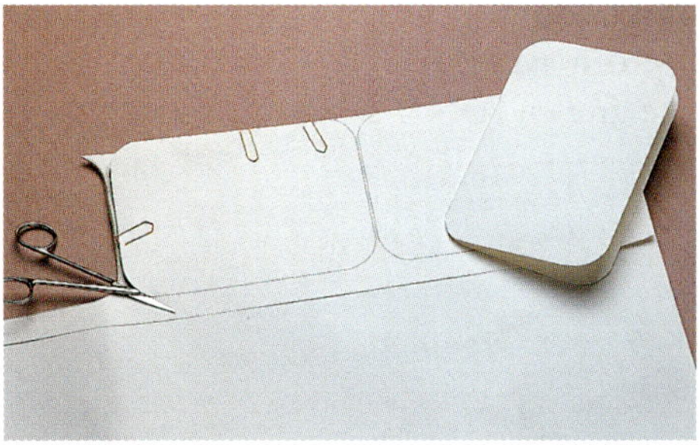

Einige der Motive sowie die Grundformen der Karten werden mehrmals benötigt. Die Angaben finden Sie auf dem Vorlagenbogen. Alle in diesem Buch gezeigten Karten sind aus geprägtem Künstlerkarton gefertigt. Sollten Sie diesen Karton nicht erhalten, können Sie auch Tonkarton verwenden, der allerdings nicht zu fest sein sollte, da die Karten doppelt zugeschnitten werden.

Grundsätzlich gilt: Erst falten, dann schneiden, nur so erhalten Sie eine absolut sauber geschnittene Klappkarte.

Falten Sie hierzu den Bogen an der Längsseite ca. 12 cm um und ziehen Sie den Falz mit dem Finger nach. Legen Sie nun die Schablone mit der gewünschten Kartenform an und ziehen Sie die Linien mit dem Bleistift nach. Um ein Verrutschen zu vermeiden, fixieren Sie die Ränder mit Büroklammern. Nun können Sie die Karte ausschneiden. Mit dieser Technik erhalten Sie aus einem Bogen Karton genau 8 Klappkarten.

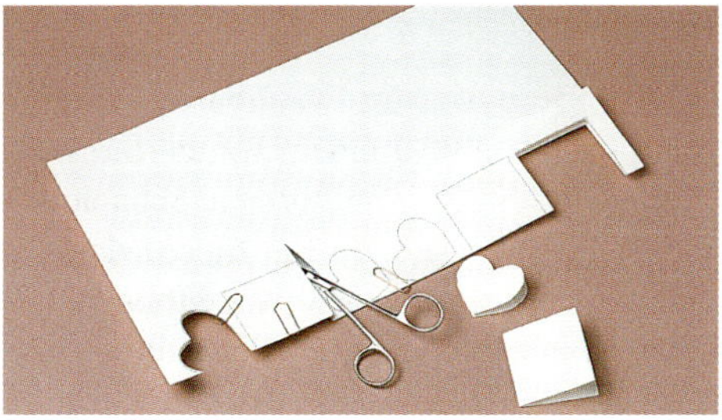

Einige Karten sind mit einer zusätzlichen Minikarte verziert, die entweder aufgeklebt oder angehängt wird. Diese „Minis“ werden nach dem gleichen Schema wie die großen Karten gefertigt.

Karten gestalten und verzieren

Besonders schöne Effekte erzielen Sie, wenn Sie zum Verzieren der Karten Motivscheren verwenden. Im Handel werden die unterschiedlichsten Formen angeboten. Für den Anfang sollten Sie sich eine gängige Form anschaffen. Führen Sie die Schere immer in eine Richtung und setzen Sie den Schnitt jedes Mal neu an.
Die Konturen wirken auch sehr schön, wenn sie mit der Silhouettenschere frei Hand leicht wellenförmig ausgeschnitten werden.
Naturpapiere lassen sich sehr gut in Form reißen. Beides darf ruhig etwas unregelmäßig wirken.
Mit Motiv- und Rahmenlochern, die in vielen Größen und Formen erhältlich sind, können Sie aus Ihren Karten kleine Kunstwerke entstehen lassen. Sollten Sie sich für einen Rahmenlocher entscheiden, können Sie diesen sogar doppelt nutzen: Sie erhalten das ausgestanzte Motiv als Negativ, oder Sie schneiden das Innere des Motivs, z.B. eine Schleife, heraus.

Mit einem Eckenlocher lassen sich z.B. die Ecken der Karten herausstanzen oder Papiere, die aufgeklebt werden, verzieren. Auch ein Papier-Rippler ist vielseitig zu verwenden und sollte in Ihrer Ausstattung nicht fehlen. Mit diesem lassen sich z.B. die Ecken der Karten sehr schön prägen. Legen Sie die Ecke der Karte in den Rippler und drehen Sie die Kurbel bis zum Anschlag.

Plastisches Hervorheben

Hierzu benötigen Sie Abstandsband (doppeltseitiges aufgeschäumtes Klebeband). Kleine Stücke dieses Bandes werden hinter das zu betonende Motiv geklebt, dieses tritt dann plastisch hervor.

Arbeiten mit Stickern und Schriftzügen

Gold- und silberfarbene Sticker und Schriftzüge zu den verschiedensten Anlässen sind in großer Auswahl im Handel erhältlich. Hiermit erhält Ihre Karte den letzten Pfiff. Kleine Teile lassen sich am besten mit einer Pinzette erfassen.

(Weiter auf Seite 6)

(Fortsetzung von Seite 5)
Größere Sticker werden auf Tonpapier gebracht, an den Konturen sorgfältig ausgeschnitten und als Dekoration auf die Karte geklebt.
Auch mit Poesiebildern können Sie Ihre Karten sehr dekorativ gestalten. Schneiden Sie das Motiv sorgfältig aus, hinterlegen Sie es mit Abstandsband und kleben Sie es auf die Karte.

Hinweis:
Alle hier beschriebenen Vorgänge werden in den einzelnen Anleitungen nicht mehr aufgeführt.
Die Grundformen der Karten finden Sie auf dem Vorlagenbogen.

Tipps

- *Sie sollten in Ihre fertige Karte zum Beschriften ein Einlegeblatt legen. Hierzu wird ein einfaches weißes DIN A4 Blatt halbiert und zur Hälfte gelegt. Besonders schön wirken die Ränder, wenn sie mit der Motivschere geschnitten werden.*

- *Gehen Sie mit Klebstoff sparsam um, oft reicht schon ein Tropfen. Faserseide und Naturpapiere lassen sich am besten mit einem Klebestift verarbeiten.*

- *Perlen lassen sich sehr gut auf schmales Satinband fädeln, wenn Sie eine Nähnadel mit größerem Öhr verwenden.*

Von Herzen

Gelbe Karte

- *Grundform 2 in Gelb*
- *Tonpapier in Dunkelblau und Rot*
- *Wellpappe in Weiß*
- *Sticker: Bärenmotiv mit Schriftzug „Von Herzen“*
- *Satinband in Rot, 3 mm breit, 50 cm lang*

Schneiden Sie zunächst je vier blaue und weiße Herzen (F) aus, die Sie auf die Karte kleben. Kleben Sie den Sticker auf ein Stückchen rotes Tonpapier und schneiden Sie das Motiv aus.
Nun wird der Bär mit Abstandsband auf den Herzen fixiert.
Legen Sie ein Einlegeblatt in die Karte. Es wird von dem Satinband gehalten, dessen Enden zur Schleife gebunden werden.

Blaue Karte

- *Grundform 3 in Blau*
- *Tonpapier in Dunkelgrün, Blau, Rot, Gelb, Weiß*
- *Sticker mit Schriftzug „Von Herzen“*
- *Satinband in Gelb, 3 mm breit, 50 cm lang*
- *Motivlocher „Herz“*

Prägen Sie zunächst alle Ecken der Karte mit dem Papier-Rippler. Kleben Sie den Kranz in die Mitte und verzieren Sie die Karte mit beliebig vielen bunten ausgestanzten Herzen. Bringen Sie den Sticker an.
Legen Sie nun ein Einlegeblatt in die Karte und binden Sie das Satinband zur Schleife.

von
Herzen
von
Herzen

Ostergrüße

Gelbe Karte

- *Grundform 1 in Gelb*
- *Tonpapier in Rot und Regenbogenfarben*
- *Sticker: Schriftzug „Frohe Ostern“, Osterei-Motiv*
- *Satinband in Hellgrün, 3 mm breit, 50 cm lang*

Schneiden Sie zunächst mit der Motivschere ein Rechteck (A) und kleben Sie es schräg auf die Karte. Die Ostereisticker werden auf Regenbogenpapier angebracht und ausgeschnitten.
Fixieren Sie die Eier mit Abstandsband und bringen Sie den Sticker an. Das Einlegeblatt wird mit dem zur Schleife gebundenen Satinband fixiert.

Blaue Karte

- *Grundform 2 in Blau*
- *Künstlerkarton in Blau*
- *Tonpapier in Gelb und Grün*
- *Sticker mit Schriftzug „Frohe Ostern“*
- *Kordel in Gelb, 50 cm lang*
- *Rahmen- oder Motivlocher „Tulpe“*

Stanzen Sie zunächst je 6 gelbe und grüne Tulpen aus und kleben Sie diese auf die Karte. Fertigen Sie nun eine Minikarte (H) an. Schneiden Sie ein Stück gelbes Tonpapier in der Größe von ca. 5 cm x 5 cm und stanzen Sie in der Mitte die Tulpe aus. Kleben Sie das Papier auf das Kärtchen und begradigen Sie die Linien nach dem Trocknen.

Legen Sie ein Einlegeblatt in die Karte und binden Sie die Kordel herum. Die Enden werden in das Minikärtchen geklebt. Bringen Sie zum Schluss den Sticker an.

Orangefarbene Karte

- *Grundform 1 in Orange*
- *Tonpapier in Gelb, Blau, Rot, Grün*
- *Jute in Gelb, 8 cm breit, 15 cm lang*
- *Sticker mit Schriftzug „Frohe Ostern“*
- *2 Holzschäfchen*

Zunächst wird die Jute an den Rändern etwas ausgefranst und auf die Karte geklebt. Der Zaun wird im unteren Drittel platziert. Befestigen Sie mit etwas Nähfaden die Schäfchen oberhalb des Zauns.
Fixieren Sie nun die bunten Ostereier mit Abstandsband und bringen Sie den Sticker an.

Frohe Ostern
Frohe Ostern
Frohe Ostern
Frohe Ostern

Zum Geburtstag

Blaue Karte

- *Grundform 2 in Blau*
- *Tonpapier in Grün und Gelb*
- *Faserseide in Blau*
- *Sticker: Schriftzug „Herzlichen Glückwunsch“, Blumenmotiv*
- *Dünne Kordel in Blau und Gelb, je 50 cm*
- *2 kleine Holzkäfer*

Beschneiden Sie ein ca. 10 cm x 7 cm großes Stück Faserseide wellenförmig und kleben Sie es auf die Karte.
Fertigen Sie den gelben Umschlag an und kleben Sie diesen leicht schräg auf. Fixieren Sie den Zweig und die Käfer und bringen Sie die Sticker an.
Fixieren Sie das Einlegeblatt, indem Sie beide Kordeln verknoten.

Rosafarbene Karte

- *Grundform 3 in Rosa*
- *Tonpapier in Weiß*
- *Poesiebild mit Blumenmotiv*
- *Sticker: Schriftzug „Zum Geburtstag“, Schleifenmotiv*
- *Schleifenband in Rosa, 5 mm breit, 50 cm lang*
- *Motiv- oder Rahmenlocher „Schleife“*

Kleben Sie den Rahmen (B) und das Innenteil (G) sowie 3 ausgestanzte Schleifen auf. Das ausgeschnittene Poesiebild wird mit Abstandsband fixiert und die Sticker werden angebracht.
Binden Sie mit dem Schleifenband ein Einlegeblatt in die Karte.

Rote Karte

- *Grundform 4 in Rot*
- *Künstlerkarton in Rot*
- *Tonpapier in Blau*
- *Poesiebild mit Bärenmotiv*
- *Sticker: Schriftzug „Herzlichen Glückwunsch“, Motive Bär und Noten*
- *Satinband in Rot, 3 mm breit, 10 cm lang*
- *Eckenlocher Filigran*

Fertigen Sie zunächst eine Minikarte (H) an. Die beiden Ecken der Oberseite werden ausgestanzt. In das Innenteil kleben Sie ein Stück Tonpapier, dessen Konturen nach dem Trocknen begradigt werden.
Die große Karte erhält ebenfalls am Oberteil ausgestanzte Ecken. Die darunter liegenden Ecken werden mit blauem Tonpapier beklebt und die Konturen nach dem Trocknen begradigt.
Nun kleben Sie den Rahmen (C) auf, wobei Sie in die linke obere Ecke das Bandende mit dem Kärtchen einkleben. Fixieren Sie den Bären mit Abstandsband und bringen Sie alle Sticker an.

Herzlichen Glückwunsch
Zum Geburtstag
Herzlichen Glückwunsch

Hochzeit

Weiße Karte

- *Grundform 5 in Weiß*
- *Künstlerkarton in Weiß*
- *Tonpapier in Blau*
- *Satinband in Blau, 3 mm breit, 50 cm lang*
- *Sticker: Schriftzug „Zur Hochzeit“, Motive Eheringe und Zierleiste*
- *4 Goldperlen, ø 6 mm*
- *Rahmenlocher „Turteltauben“*

Fertigen Sie zunächst aus dem Herz (F), das Sie als Schablonenvorlage benutzen, eine Minikarte an. Nun schneiden Sie aus dem Tonpapier einen Streifen von ca. 6 cm x 17 cm Größe aus.
Verzieren Sie eine Längsseite mit der Motivschere.
Stanzen Sie die drei Motive aus und kleben Sie das Papier auf die Karte. Die Konturen werden nach dem Trocknen begradigt.
Binden Sie ein Einlegeblatt mit dem Band in die Karte und fassen Sie dabei das Minikärtchen mit ein. Die Perlen werden an den Bandenden befestigt.
Kleben Sie nun noch ein ausgestanztes Taubenpaar auf das Minikärtchen und bringen Sie die Sticker an.

Rote Karte

- *Grundform 2 in Rot*
- *Künstlerkarton in Rot*
- *Tonpapier in Weiß*
- *Goldkordel, schmal, 50 cm lang*
- *Sticker: Motive Eheringe und Herz*
- *Tortenspitze, rund*

Fertigen Sie zunächst aus dem Herz (F), das Sie als Schablonenvorlage benutzen, zwei Minikarten und kleben Sie diese auf die Karte. Die Tortenspitze wird in der Mitte ausgeschnitten und die Rundungen werden wie abgebildet aufgeklebt.
Kleben Sie den Herz-Sticker auf Tonpapier, schneiden Sie das Herz aus und befestigen Sie es mit Abstandsband.
Legen Sie ein Einlegeblatt in die Karte und binden Sie die Kordel zur Schleife. Zum Schluss werden die Eheringe aufgeklebt.

Rosafarbene Karte

- *Grundform 1 in Rosa*
- *Tonpapier in Weiß*
- *Naturpapier in Rosa*
- *Satinband in Weiß, 3 mm breit, 20 cm lang*
- *Sticker: Schriftzug „ Zur Hochzeit“, Motive Bären und Herzen*
- *Buchsbaumranke, 20 cm lang*

Schneiden Sie zunächst mit der Motivschere aus dem Naturpapier zwei Formen, die ca. 9,5 cm x 8,5 cm und 9,5 cm x 2,5 cm groß sind, und kleben Sie beide auf die Karte.
Formen Sie aus dem Buchsbaum einen Kranz von ca. 7 cm Durchmesser, kleben Sie diesen auf und verzieren Sie ihn mit einer Schleife aus Satinband.
Kleben Sie den Bären-Sticker auf das Tonpapier, schneiden Sie die Konturen nach und befestigen Sie ihn mit Abstandsband.
Nun werden noch die restlichen Sticker angebracht.

Zur Hochzeit
Zur Hochzeit

Kommunion und Konfirmation

Weiße Konfirmations-Karte

- ❑ *Grundform 4 in Weiß*
- ❑ *Künstlerkarton in Weiß*
- ❑ *Tonpapier in Gold*
- ❑ *Crinkle-Papier in Grün*
- ❑ *Sticker: Schriftzug „Konfirmation", Blumenmotiv*
- ❑ *Satinband in Dunkelgrün, 3 mm breit, 15 cm lang*

Fertigen Sie zunächst eine Minikarte (E) an. Nun prägen Sie mit dem Papier-Rippler alle Ecken der großen und der kleinen Karte. Schneiden Sie leicht wellenförmig aus dem Crinkle-Papier und dem Tonpapier zwei Teile von ca. 9 cm x 12 cm und 7 cm x 5 cm aus. Kleben Sie beides auf die Karte, in der Mitte wird das Minikärtchen platziert. Binden Sie nun noch eine Schleife, fixieren Sie diese und bringen Sie die Sticker an.

Pinkfarbene Kommunions-Karte

- ❑ *Grundform 3 in Pink*
- ❑ *Künstlerkarton in Weiß*
- ❑ *Schleifenband in Weiß, 5 mm breit, 50 cm lang*
- ❑ *Sticker: Schriftzug „Zur Kommunion", Motive: Blumen, Kreuz, Bibel*

Prägen Sie mit dem Papier-Rippler alle Kartenecken. Nun wird der weiße Zweig nach der Vorlage ausgeschnitten und auf die Karte geklebt. Tragen Sie den Klebstoff nur in der Mitte des Zweiges auf, die Blätter werden leicht nach oben gebogen. Legen Sie ein Einlegeblatt in die Karte, binden Sie das Band zur Schleife und bringen Sie die Sticker an.

Maritime Grüße

(Abbildung Seite 16)

Weiße Karte

- ❑ *Grundform 5 in Weiß*
- ❑ *Tonpapier in Blau*
- ❑ *Faserseide in Blau*
- ❑ *Sticker: Schriftzug „Herzlichen Glückwunsch", Motive: Fisch, Möwe, Muschel, Anker, Seestern, Blume*
- ❑ *Goldkordel, schmal, 50 cm lang*
- ❑ *Jute in Blau, ca. 5 cm x 5 cm*

Kleben Sie das Quadrat (D) aus Faserseide auf die Karte und platzieren Sie in der Mitte die Jute. Kleben Sie die maritimen Sticker auf das Tonpapier, schneiden Sie die Konturen sauber nach und fixieren Sie sie mit Abstandsband. Binden Sie ein Einlegeblatt mit der zur Schleife gebundenen Kordel in die Karte. Zum Schluss werden Blume und Schriftzug angebracht.

Blaue Karte

- ❑ *Grundform 2 in Blau*
- ❑ *Künstlerkarton in Weiß und Blau*
- ❑ *Tonpapier in drei verschiedenen Blautönen*
- ❑ *Kordel in Weiß, dünn, 50 cm lang*

Schneiden Sie zunächst 6 Streifen Tonpapier in der Größe von ca. 12 cm x 4 cm in den drei Blautönen ohne Vorlage wellenförmig aus. Kleben Sie die Streifen so übereinander, dass die jeweils darüber liegende Farbe sichtbar ist. Kleben Sie nun die „Wellen" auf die Karte und begradigen Sie die Ränder nach dem Trocknen.

(Weiter auf Seite 16)

Konfirmation
Zur Kommunion

Fertigen Sie eine Minikarte (H) an, auf die der weiße Seestern geklebt wird. Das Schiff und der blaue Seestern werden mit Abstandsband fixiert. Legen Sie ein Einlegeblatt in die Karte und binden Sie es mit der Kordel ein. Dabei wird die Minikarte eingefasst.

Geburt und Taufe

(Abbildung Seite 18/19)

Rosafarbene Karte

- *Grundform 2 in Rosa*
- *Tonpapier in Pink und Rosa-Weiß kariert*
- *Poesiebilder mit Baby-Motiven*
- *Sticker: Schriftzug „Mit besten Wünschen“, Herzmotiv*

Schneiden Sie zunächst mit der Motivschere ein Quadrat in der Größe von ca. 10 cm x 10 cm aus und kleben Sie es auf die Karte. Schneiden Sie vier Dreiecke in der Größe von ca. 4 cm x 2,5 cm x 2,5 cm aus. Kleben Sie diese und die Poesiebilder mit Abstandsband auf die Karte.
Bringen Sie zum Schluss die Sticker an.

Weiße Karte mit Bären

- *Grundform 2 in Weiß*
- *Tonpapier in Hell- und Dunkelblau*
- *Poesiebilder mit Baby-Motiv*
- *Satinband in Hellblau, 3 mm breit, 50 cm lang*
- *Sticker mit Schriftzug „Mit besten Wünschen“*
- *Motivlocher „Bär“*

Prägen Sie zunächst mit dem Papier-Rippler alle Ecken der Karte. Nun schneiden Sie mit der Motivschere ein Quadrat (ca. 9 cm x 9 cm groß) aus und kleben es auf die Karte.
Die Poesiebilder werden mit Abstandsband fixiert, die ausgestanzten Bären werden wie abgebildet aufgeklebt. Legen Sie ein Einlegeblatt in die Karte und binden Sie das Band zur Schleife. Zum Schluss werden die Sticker angebracht.

Blaue Karte

- *Grundform 5 in Blau*
- *Künstlerkarton in Weiß*
- *Tonpapier in Blau-Weiß kariert*
- *Satinband in Blau und Weiß, 3 mm breit, je 20 cm lang*
- *Sticker mit Bärchenmotiv*

Kleben Sie zunächst den mit der Motivschere ausgeschnittenen Kreis auf die Karte. Der Kinderwagen (siehe Vorlagen) wird mit Abstandsband darauf fixiert.
Kleben Sie die beiden Bärensticker auf Tonpapier und schneiden Sie die Konturen nach. Nun werden die beiden Bären und die Schleife wie abgebildet aufgeklebt.

Gelbe Karte

- *Grundform 2 in Gelb*
- *Künstlerkarton in Gelb*
- *Tonpapier und Motiv-Tonpapier in verschiedenen bunten Farben*
- *Kordel in Blau, schmal, 50 cm lang*
- *Sticker: Schriftzug „Gutschein“, Motiv Briefumschlag*
- *Motivlocher „Schleife“, „Herz“*

Fertigen Sie zunächst eine Minikarte (H) und prägen mit dem Papier-Rippler alle Ecken beider Karten. Kleben Sie die nach der Vorlage angefertigten Kleidungsstücke und die ausgestanzten Verzierungen auf die Karte.
Bringen Sie den Sticker mit dem Umschlag auf Tonpapier und schneiden Sie die Konturen nach. Binden Sie ein Einlegeblatt mit der Kordel in die Karte und fassen Sie hierbei die Minikarte ein. Zum Schluss wird der Schriftzug angebracht.

Geburt und Taufe

(Anleitung Seite 17)

Gutschein

Viel Glück

Blaue Karte mit Sonne

- *Grundform 3 in Blau*
- *Tonpapier in Gelb und Maisgelb*
- *Sticker: Schriftzug „Viel Glück“, Blumenmotiv*
- *Satinband in Gelb, 3 mm breit, 50 cm lang*
- *3 kleine Holzkäfer*
- *Filzstift*

Prägen Sie zunächst mit dem Papier-Rippler alle Ecken der Karte. Kleben Sie nun die Sonne und das mit Filzstift bemalte Gesicht auf.
Legen Sie ein Einlegeblatt in die Karte und binden Sie das Band zur Schleife. Zum Schluss werden die Käfer aufgeklebt und die Sticker angebracht.

Blaue Karte mit Blume

- *Grundform 5 in Blau*
- *Tonpapier in Weiß, Grün, Gelb, Rosa-Weiß kariert*
- *Sticker: Schriftzug „Viel Glück“, Zierstreifen*
- *Satinband in Gelb, 3 mm breit, 25 cm lang*

Schneiden Sie zunächst das weiße Rechteck (A) mit der Motivschere aus und kleben Sie es auf die Karte. Der Blumentopf erhält eine schöne Schleife und die doppelt ausgeschnittene Blüte, die nur in der Mitte zusammengeklebt wird.
Fixieren Sie den Blütenstempel und biegen Sie die Blütenblätter leicht auf. Zum Schluss werden die Sticker angebracht.

Schulanfang

(Abbildung Seite 22)

Gelbe Karte

- *Grundform 5 in Gelb*
- *Tonpapier in Rot*
- *Wellpappe in Blau mit weißen Tupfen*
- *Krepp-Papier oder Zellstoff in Weiß*
- *Satinband in Rot, 3 mm breit, 20 cm lang*
- *Sticker mit Schriftzug „Viel Glück“*
- *2 kleine Holzkäfer*

Schneiden Sie zunächst mit der Motivschere zwei rote Streifen (ca. 10 cm x 2 cm groß) aus und kleben Sie diese auf die Karte. Die überstehenden Konturen werden nach dem Trocknen begradigt.
Fertigen Sie nun die Schultüte an, indem Sie aus Wellpappe den Körper der Tüte schneiden. Kleben Sie das Krepp- oder Zellstoff-Papier etwas geknickt ein und verzieren Sie die Tüte mit einer Schleife. Fixieren Sie nun die Schultüte mit Abstandsband. Kleben Sie die beiden Käfer auf und bringen Sie zum Schluss den Sticker an.

Rote Karte

- *Grundform 2 in Rot*
- *Tonpapier in Gelb, Blau, Grün, Schwarz*
- *Wellpappe in Gelb*
- *Jutekordel in Natur, 25 cm lang*
- *Kleiner Stoffrest*

Prägen Sie zunächst mit dem Papier-Rippler alle Ecken der Karte. Aus der gelben Wellpappe schneiden Sie den Rahmen für die Schultafel und kleben diesen auf schwarzes Tonpapier.

(Weiter auf Seite 22)

VielGlück
VielGlück

(Fortsetzung von Seite 20)
Bringen Sie die Tafel auf der Karte an. Die bunten Buchstaben werden auf der Karte verteilt. Verknoten Sie ein Ende der Kordel und kleben Sie es an die Tafel, an das andere Kordelende kleben Sie den Stoffrest. Zum Schluss können Sie die Tafel beschriften.

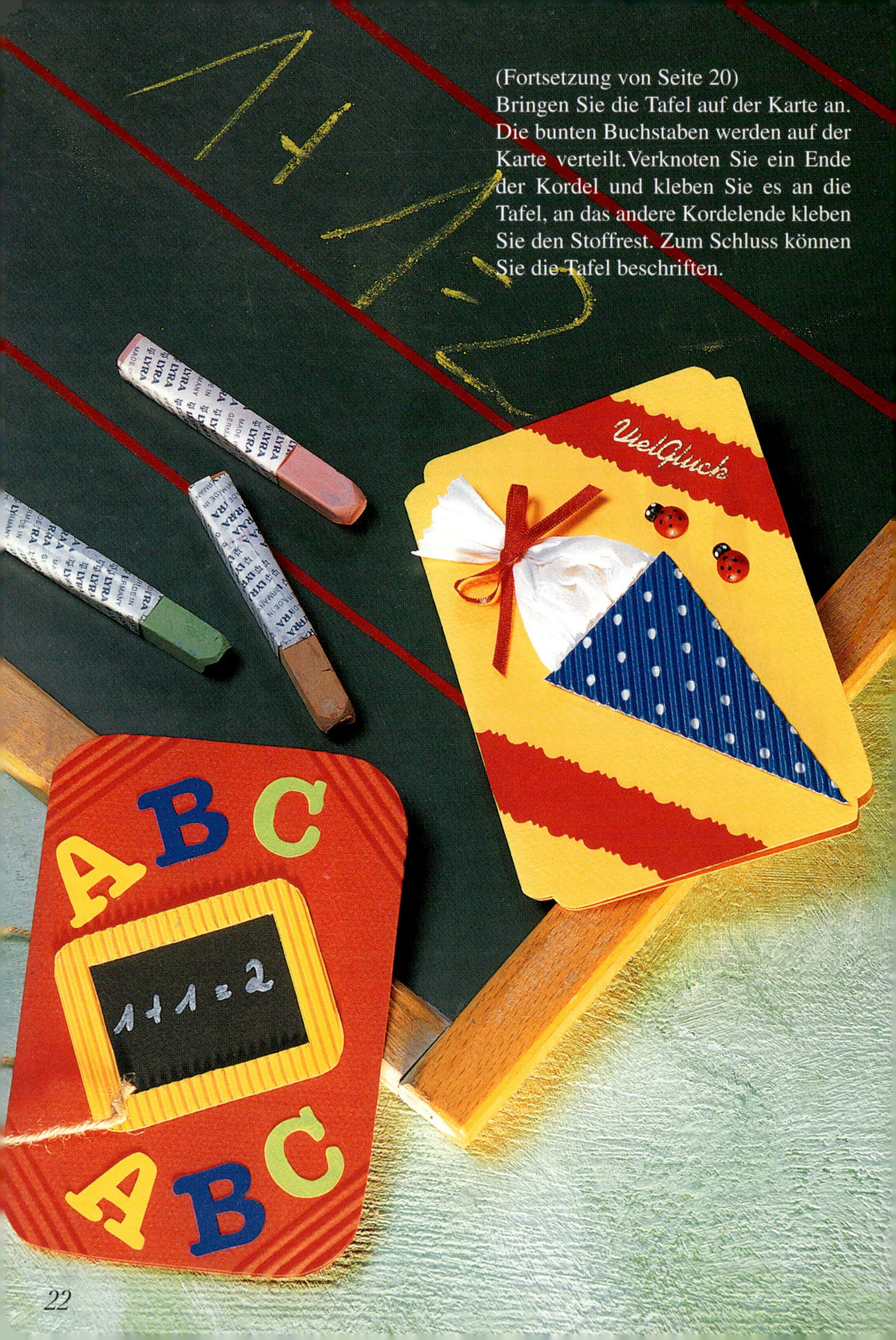

Führerschein

(Anleitung Seite 24)

Führerschein

(Abbildung Seite 23)

Weiße Karte

- *Grundform 2 in Weiß*
- *Tonpapier in Schwarz*
- *Verkehrszeichen aus Moosgummi*
- *Lackstift in Weiß*

Schneiden Sie zunächst einen schwarzen Streifen von ca. 19 cm x 5 cm ohne Vorlage leicht bogenförmig aus. Kleben Sie ihn schräg auf die Karte und begradigen Sie die überstehenden Konturen nach dem Trocknen. Die „ Straße“ wird nun mit einem weißen Lackstift bemalt und mit den Verkehrszeichen verziert.

Viele Grüße

Blaue Karte

- *Grundform 4 in Blau*
- *Tonpapier in Gelb und Regenbogenfarben*
- *Sticker: Schriftzug „Viele Grüße“, Herzlinien*
- *Kordel in Gelb, schmal, 50 cm lang*
- *Eckenlocher „Lilie“*

Stanzen Sie zunächst zwei Ecken der Karte aus, die darunter liegenden Ecken werden mit gelben Tonpapier beklebt und die überstehenden Konturen nach dem Trocknen begradigt.
Das Rechteck (A) erhält ebenfalls ausgestanzte Ecken und wird mit Abstandsband auf der Karte fixiert. Der Schmetterling wird nur am Körper aufgeklebt, die Flügel werden leicht aufgebogen. Legen Sie ein Einlegeblatt in die Karte und binden Sie die Kordel zur Schleife. Zum Schluss werden die Sticker angebracht.

Weiße Karte mit Minikarte

- *Grundform 2 in Weiß*
- *Tonpapier Blau, Gelb, Orange*
- *Sticker: Schriftzug „Viele Grüße“, Zierlinien*
- *Satinband in Gelb, 3 mm breit, 20 cm lang*
- *Eckenlocher „Lilie“*

Fertigen Sie zunächst eine Minikarte (H) an, deren Ecken ausgestanzt werden. Das blaue Quadrat (D) erhält ebenfalls ausgestanzte Ecken.
Das Quadrat und die beiden Blumen werden mit Abstandsband fixiert. Kleben Sie hierbei ein Stück des Bandes mit ein, das andere Ende wird an die Minikarte geklebt.
Bringen Sie zum Schluss die Sticker an.

Weiße Karte

- *Grundform 5 in Weiß*
- *Tonpapier in Grün, Blau, Orange, Gelb*
- *Sticker mit Schriftzug „Viele Grüße“*
- *Bordürenlocher*

Schneiden Sie zunächst je ein Quadrat (D und J) aus, verzieren Sie beide wie abgebildet mit dem Bordürenlocher und kleben Sie sie auf die Karte.
Die vier Blüten werden mit wenig Klebstoff nur in der Mitte fixiert, die Blütenstempel kommen hinzu und die Blütenblätter werden leicht aufgebogen. Zum Schluss wird der Sticker angebracht.

Viele Grüße
Viele Grüße
Viele Grüße

Silberhochzeit

Blaue Karte

- ❑ *Grundform 5 in Blau*
- ❑ *Künstlerkarton in Blau*
- ❑ *Tonpapier in Weiß*
- ❑ *Sticker: Motiv Silberringe*
- ❑ *Silberkordel, 50 cm lang*
- ❑ *Rahmenlocher „Schleife"*

Stanzen Sie zunächst mit dem Rahmenlocher im unteren Drittel der Karte drei Motive aus und hinterlegen Sie diese auf der Rückseite mit aufgeklebtem Tonpapier. Mit der Motivschere entsteht ein Rechteck (A), das mit Abstandsband oberhalb der Schleifen fixiert wird.
Legen Sie ein Einlegeblatt in die Karte und binden Sie die Kordel zu einem Knoten. Kleben Sie nun noch die beiden ausgestanzten Schleifen auf und bringen Sie zum Schluss den Sticker an.

Pinkfarbene Karte

- ❑ *Grundform 4 in Pink*
- ❑ *Tonpapier in Hell- und Dunkellila, Silber*
- ❑ *Satinband in Pink, 3 mm breit, 50 cm lang*
- ❑ *Je 2 Wachsperlen, ø 6 mm und 8 mm*

Mit der Motivschere werden die Ecken der Karte leicht abgerundet. Kleben Sie den Zweig in Dunkellila auf die Karte. Die beiden anderen Zweige werden mit Abstandsband fixiert und die silbernen Herzen dazwischen geklebt.
Legen Sie ein Einlegeblatt in die Karte und binden das Band zur Schleife. Verzieren Sie die Bandenden mit den Perlen.

Weiße Karte

- ❑ *Grundform 1 in Weiß*
- ❑ *Künstlerkarton in Weiß und Blau*
- ❑ *Faserseide in Hellblau*
- ❑ *Sticker: Motiv Silberhochzeit*
- ❑ *Silberkordel, dünn, 50 cm lang*

Bekleben Sie zunächst das Vorderteil der Karte mit der Faserseide, die überstehenden Konturen werden nach dem Trocknen abgeschnitten.
Nun wird der weiße Rahmen (B) aufgeklebt und das blaue Herz mit Abstandsband fixiert.
Befestigen Sie das Einlegeblatt mit der Kordel in der Karte. Abschließend wird der Sticker aufgeklebt.

25

Goldene Hochzeit

Weiße Karte mit Minikarte

- ❑ *Grundform 2 in Weiß*
- ❑ *Künstlerkarton in Weiß*
- ❑ *Tonpapier in Dunkelgrün und Gold*
- ❑ *Satinband in Weiß, 3 mm breit, 20 cm lang*
- ❑ *Sticker: Zahl „50“, Schriftzug „Herzlichen Glückwunsch“*
- ❑ *Motivlocher „Herz“*

Fertigen Sie zunächst eine Minikarte (H) an. In den Innenteil der Minikarte wird ein Teil des Bandes geklebt. Aus dem grünen Papier schneiden Sie mit der Motivschere zwei Streifen (ca. 17 cm x 3,5 cm groß), die wie abgebildet aufgeklebt werden. Die überstehenden Konturen werden nach dem Trocknen begradigt. Das andere Bandende wird hierbei mit eingeklebt. Nun fertigen Sie die beiden Vögel und fixieren diese mit Abstandsband. Verzieren Sie zum Schluss die Karte mit den Herzen und bringen Sie die Sticker an.

Weiße Karte mit roten Streifen

- ❑ *Grundform 4 in Weiß*
- ❑ *Künstlerkarton in Rosa*
- ❑ *Naturpapier in Dunkelrot*
- ❑ *Satinband in Dunkelrot, 3 mm breit, 50 cm lang*
- ❑ *Sticker: Zahl „50“, Zierecken*

Schneiden Sie zunächst mit der Motivschere vier Streifen (ca. 17 cm x 2 cm groß) aus dem Naturpapier und kleben Sie diese schräg auf die Karte. Die überstehenden Ränder werden nach dem Trocknen begradigt. Aus dem rosafarbenen Karton entsteht mit der Motivschere ein Quadrat von ca. 6 cm x 6 cm Größe, das mit Abstandsband auf der Karte fixiert wird. Legen Sie ein Einlegeblatt in die Karte und binden Sie das Band zur Schleife. Bringen Sie zum Schluss die Sticker an.

Weihnachten

(Abbildung Seite 31)

Blaue Karte

- ❑ *Grundform 1 in Blau*
- ❑ *Tonpapier in Weiß*
- ❑ *Alu-Tonkarton in Silber*
- ❑ *Silberkordel, dünn, 50 cm lang*
- ❑ *Sticker mit Schriftzug „Frohe Weihnachten“*
- ❑ *Streutanne aus Stoff*
- ❑ *Motivlocher „Stern“*

Prägen Sie zunächst mit dem Papier-Rippler alle Ecken der Karte. Kleben Sie den Rahmen (B) auf. Das Innenteil (G) wird mit Abstandsband fixiert.
Platzieren Sie beliebig viele ausgestanzte Sterne sowie die Tanne mit etwas Klebstoff. Fixieren Sie ein Einlegeblatt mit der zur Schleife gebundenen Kordel in der Karte. Nun bringen Sie noch den Sticker an.

Weiße Karte mit Anhänger

- ❑ *Grundform 3 in Weiß*
- ❑ *Künstlerkarton in Weiß*
- ❑ *Tonpapier in Gold*
- ❑ *Naturpapier in Dunkelrot*
- ❑ *Goldkordel, 70 cm lang*
- ❑ *Sticker mit Schriftzug „Frohe Weihnachten“*
- ❑ *Motivlocher „Stern“*

(Weiter auf Seite 30)

Herzlichen Glückwunsch
50
50

(Fortsetzung von Seite 28)
Schneiden Sie zunächst mit der Motivschere aus dem Naturpapier ein ca. 11,5 cm x 9 cm großes Rechteck und kleben Sie es auf die Karte. Den Engel fixieren Sie mit Abstandsband.
Befestigen Sie ein ca. 20 cm langes Stück der Goldkordel am Engel, das andere Ende kleben Sie an den ausgeschnittenen Stern. Legen Sie ein Einlegeblatt in die Karte und binden Sie die restliche Kordel zur Schleife. Verzieren Sie die Karte und den Anhänger mit einigen ausgestanzten Sternen und bringen Sie den Sticker an.

Blaue Karte

- ❑ *Grundform 2 in Blau*
- ❑ *Künstlerkarton in Blau*
- ❑ *Tonpapier in Weiß, Grün, Silber*
- ❑ *Silberkordel, dünn, 50 cm lang*
- ❑ *Sticker mit Schriftzug „Frohe Weihnachten“*

Schneiden Sie zunächst aus dem weißen und dem silbernen Papier fünf Streifen, die ca. 5 cm x 16 cm groß sind, wellenförmig aus. Kleben Sie die Streifen abwechselnd so übereinander, dass die darunter liegenden Schichten noch sichtbar sind.
Nun wird die „Schneelandschaft“ auf die Karte geklebt, die überstehenden Ränder werden nach dem Trocknen gerade abgeschnitten.
Die Tannenbäume werden mit Abstandsband auf dem Schnee und der zuvor gefertigten Minikarte (H) fixiert. Legen Sie ein Einlegeblatt in die Karte. Befestigen Sie es mit der Kordel und fassen Sie dabei auch die Minikarte ein.
Verzieren Sie nun die Karte mit beliebig vielen ausgestanzten Sternen und kleben Sie zum Schluss den Sticker auf.

Grüne Karte (Abb. S. 32)

- ❑ *Grundform 5 in Grün*
- ❑ *Tonpapier in Rot*
- ❑ *Faserseide in Grün*
- ❑ *Urselle-Papier in Weiß*
- ❑ *Goldkordel, dünn, 50 cm lang*
- ❑ *Sticker: Schriftzug „Frohe Festtage“, Motive: Sterne, Tannenzweig*
- ❑ *Motivlocher „Schleife“*

Schneiden Sie zunächst aus der Faserseide einen Streifen (ca. 16,5 cm x 8,5 cm groß) und kleben Sie ihn auf die Karte. Die überstehenden Ränder werden nach dem Trocknen abgeschnitten. Fertigen Sie nun den Umschlag nach der Anleitung auf dem Vorlagenbogen an und kleben Sie ihn auf die Karte. Nun bringen Sie die beiden mit einer Schleife verzierten Glocken an. Legen Sie ein Einlegeblatt in die Karte und binden Sie die Kordel zur Schleife. Zum Schluss werden die Sticker angebracht.

Weiße Karte mit Kugel (Abb. S. 32)

- ❑ *Grundform 5 in Weiß*
- ❑ *Tonpapier in Rot und Gold*
- ❑ *Wellpappe in Natur*
- ❑ *Crinkle-Papier in Grün*
- ❑ *Satinband in Rot, 3 mm breit, 50 cm lang*
- ❑ *Goldkordel, 20 cm lang*
- ❑ *Motivlocher „Kleiner Stern“ und „Großer Stern“*

Reißen Sie zuerst aus dem Crinkle-Papier ein Rechteck (ca. 15 cm x 9 cm groß) leicht unregelmäßig aus und kleben Sie es schräg auf die Karte. Danach werden die verzierte Kugel und beliebig viele ausgestanzte Sterne aufgeklebt. Legen Sie ein Einlegeblatt in die Karte und binden Sie das haltende Band zur Schleife.

Frohe Weihnachten
Frohe Weihnachten
Frohe Weihnachten

Weiße Karte

- *Grundform 1 in Weiß*
- *Tonpapier in Grün*
- *Natur-Papier in Dunkelrot*
- *Satinband in Dunkelrot, 3 mm breit, 50 cm lang*
- *Sticker: Schriftzug „Frohe Festtage", Motive: Sterne, Weihnachtsbild mit Glocken, Tannenzweig*

Prägen Sie zunächst mit dem Papier-Rippler alle Ecken der Karte. Reißen Sie aus dem dem Natur-Papier ein Stück aus (ca. 9 cm x 11 cm) und kleben Sie es auf die Karte. Kleben Sie den großen Sticker auf Tonpapier, schneiden Sie die Konturen nach und fixieren Sie ihn mit Abstandsband auf der Karte. Legen Sie ein Einlegeblatt in die Karte und binden Sie das Band zur Schleife. Bringen Sie zum Schluss die noch fehlenden Sticker an.